LIBRO RECOMENDADO

Jarosław Jankowski

¿Sabes quién eres?
Una guía por los 16 tipos de personalidad ID16™©

¿Por qué somos tan diferentes? ¿Por qué asimilamos la información de forma distinta, descansamos de otra manera, tomamos decisiones de otra forma y organizamos de manera diferente nuestra vida?

«¿Sabes quién eres?» te permitirá comprenderte mejor a ti mismo y a los demás. El test ID16 ™© incluido en el libro te ayudará a determinar tu tipo de personalidad, ofreciéndote una valiosa introspección.

Tu tipo de personalidad:

Pragmático
(ISTP)

Tu tipo de personalidad:

Pragmático
(ISTP)

JAROSŁAW JANKOWSKI

LOGOS MEDIA

Tu tipo de personalidad: Pragmático (ISTP)

Esta publicación puede ayudarte a utilizar mejor tu potencial, a crear relaciones saludables con otras personas y a tomar buenas decisiones en lo relativo a la educación y la carrera profesional. Sin embargo, en ningún caso debería ser tratada como un sustituto de una consulta psicológica o psiquiátrica especializada. El autor y el editor no asumen la responsabilidad por los eventuales daños resultantes de un uso indebido de este libro.

ID16™© es una tipología de la personalidad original. No se la debe confundir con las tipologías y los test de personalidad de otros autores o instituciones.

Título original: Twój typ osobowości: Praktyk (ISTP)

Traducción del idioma polaco: Ángel López Pombero, Lingua Lab, www.lingualab.pl

Redacción: Xavier Bordas Cornet, Lingua Lab, www.lingualab.pl

Redacción técnica: Zbigniew Szalbot

Editor: LOGOS MEDIA

ISBN (versión impresa): 978-83-7981-209-7
ISBN (EPUB): 978-83-7981-210-3
ISBN (MOBI): 978-83-7981-211-0

Índice

Prólogo

Tu tipo de personalidad: Pragmático (ISTP) es un extraordinario compendio de conocimiento acerca del *pragmático*, uno de los 16 tipos de personalidad ID16™©.

Esta guía es parte de la serie ID16™©, formada por 16 libros dedicados a los diferentes tipos de personalidad. De forma exhaustiva y clara responden a las siguientes preguntas:

- ¿Qué piensan y sienten las personas que pertenecen a un determinado tipo de personalidad? ¿Cómo toman las decisiones? ¿Cómo solucionan los problemas? ¿De qué tienen miedo? ¿Qué les irrita?

- ¿Con qué tipos de personalidad se relacionan y cuáles evitan? ¿Qué tipo de amigos, cónyuges, padres son? ¿Cómo los ven los demás?

- ¿Qué predisposiciones profesionales tienen? ¿En qué entorno trabajan de manera más efectiva? ¿Qué profesiones se corresponden mejor con su tipo de personalidad?

- ¿En qué son buenos y en qué deben mejorar? ¿Cómo deben aprovechar su potencial y evitar las trampas?

- ¿Qué personas conocidas pertenecen a un determinado tipo de personalidad?

- ¿Qué sociedad muestra más rasgos característicos de un determinado tipo?

En este libro también encontrarás la información más importante sobre la tipología ID16™©.

Esperamos que te ayude a conocerte mejor a ti mismo y a los demás.

EDITORES

ID16™© entre las tipologías de personalidad de Jung

ID16™© pertenece a la familia de las denominadas tipologías de personalidad de Jung, que hacen referencia a la teoría de Carl Gustav Jung (1875 – 1961), psiquiatra y psicólogo suizo, uno de los principales representantes de la denominada psicología profunda.

Sobre la base de muchos años de estudio y observación, Jung llegó a la conclusión de que las diferencias en las actitudes y las preferencias de las personas no son casuales. Creó la división, bien conocida hoy en día, entre extrovertidos e introvertidos. Además, distinguió cuatro funciones de la personalidad, que forman dos pares de factores contrarios: percepción – intuición y pensamiento – sentimiento. Estableció también que en cada una de estas parejas domina una de las funciones. Jung llegó a la convicción de que las funciones dominantes de cada persona son permanentes e independientes de las condiciones externas y que su resultante es el tipo de personalidad.

En el año 1938 dos psiquiatras estadounidenses, Horace Gray y Joseph Wheelwright, crearon el primer test de personalidad basado en la teoría de Jung, que permitía determinar las funciones dominantes en las tres dimensiones descritas por él: **extroversión – introversión, percepción – intuición** y **pensamiento – sentimiento**. Este test se convirtió en una inspiración para otros investigadores. En el año 1942, también en suelo americano, Isabel Briggs Myers y Katharine Briggs comenzaron a emplear su propio test de personalidad, ampliando el clásico modelo tridimensional de Gray y Wheelwright con una cuarta dimensión: **juicio – percepción**. La mayoría de las tipologías y test de personalidad posteriores, referidos a la teoría de Jung, también toman en consideración esta cuarta dimensión.

Pertenecen a ellas, entre otros, la tipología americana publicada en el año 1978 por David W. Keirsey, así como el test de personalidad creado en Lituania en los años 70 del siglo XX por Aušra Augustinavičiūtė. En las décadas posteriores, investigadores de diferentes partes del mundo fueron tras sus huellas. Ellos crearon otras tipologías con cuatro dimensiones y varios test de personalidad adaptados a las condiciones y necesidades locales.

A este grupo pertenece la tipología de personalidad independiente ID16™©, desarrollada en Polonia por el pedagogo y mánager Jarosław Jankowski. Esta tipología, publicada en la primera década del siglo XXI, también se basa en la teoría clásica de Carl Jung. Al igual que otras tipologías de Jung contemporáneas, se inscribe en la corriente del análisis tetradimensional de la personalidad. En el marco de ID16™© estas dimensiones se llaman las **cuatro tendencias naturales**. Estas tendencias tienen un carácter dicotómico y su imagen proporciona información sobre el tipo de personalidad de la persona. El análisis de la primera tendencia tiene como objetivo determinar la **fuente de energía vital** dominante (el mundo exterior o el mundo interior). El análisis de la segunda tendencia determina la **forma dominante de asimilación de la información** (a través de los sentidos o a través de la intuición). El análisis de la tercera tendencia determina la **forma de toma de decisiones** dominante (según la razón o el corazón). El análisis de la cuarta tendencia determina, sin embargo, el **estilo de vida** dominante (organizado o espontáneo). La combinación de todas estas tendencias naturales da como resultado **16 posibles tipos de personalidad**.

La característica especial de la tipología ID16™© es su dimensión práctica. Esta describe los diferentes tipos de personalidad según se comportan en la acción: en el trabajo, en la vida diaria y en las relaciones con otras personas. No se concentra en la dinámica interna de la personalidad, ni tampoco intenta aclarar teóricamente procesos interiores e invisibles. Más bien se concentra en cómo un determinado tipo de personalidad se manifiesta al exterior y de qué forma influye sobre el entorno. Este acento en el aspecto social de la personalidad aproxima de cierto modo la tipología ID16$^{TM©}$ a la tipología de Aušra Augustinavičiūtė anteriormente mencionada.

Cada uno de los 16 tipos de personalidad ID16$^{TM©}$ es la resultante de las tendencias naturales de la persona. La inclusión en un determinado tipo no tiene, sin embargo, características evaluativas. Ningún tipo de personalidad es mejor o peor que los otros. Cada uno de los tipos es simplemente diferente y cada uno tiene sus puntos potencialmente fuertes y débiles. ID16$^{TM©}$ permite identificar y describir estas diferencias. Ayuda a comprenderse a uno mismo y a descubrir nuestro lugar en el mundo.

Conocer el perfil propio de personalidad permite a las personas aprovechar en su totalidad su potencial y trabajar en las áreas que pueden causarles problemas. Este conocimiento constituye una ayuda inestimable en la vida diaria, en la solución de problemas, en la creación de relaciones sanas con otras personas y en la toma de decisiones acerca de la educación y la carrera profesional.

La determinación del tipo de personalidad no es un proceso de carácter arbitrario y mecánico. Cada persona, como «propietario y usuario de su personalidad» es plenamente competente para determinar a qué tipo pertenece. Su papel en este proceso es, por lo tanto, crucial. Esta autoidentificación puede realizarse analizando las descripciones de los 16 tipos de personalidad y estrechando gradualmente el campo de elección. Sin embargo, se puede elegir un camino más corto: utilizar el test de personalidad ID16™©. También en este caso, el «usuario de la personalidad» tiene un papel primordial, ya que el resultado del test depende exclusivamente de las respuestas del usuario.

La identificación del tipo de personalidad ayuda a conocerse a uno mismo y a los demás; no obstante, no debería ser tratada como una profecía que predestina el futuro. El tipo de personalidad nunca puede justificar nuestras debilidades o nuestras malas relaciones con otras personas (¡aunque puede ayudar a comprender sus motivos!).

En el marco de ID16™© el tipo de personalidad no es tratado como un estado estático, genéticamente determinado, sino como la resultante de características innatas y adquiridas. Este enfoque no quita importancia al libre albedrío, ni tampoco pretende clasificar a las personas. Abre ante nosotros nuevas perspectivas que nos animan a trabajar sobre nosotros mismos, ya su vez estas perspectivas

nos muestran las áreas en las que este trabajo es
más necesario.

Pragmático (ISTP)

TIPOLOGÍA DE PERSONALIDAD ID16™©

La personalidad a grandes rasgos

Lema vital: *Los actos son más importantes que las palabras.*

Optimista, espontáneo y con una actitud positiva hacia la vida. Comedido e independiente. Fiel a sus propias convicciones y escéptico ante las normas y principios externos. Le aburren las teorías y las reflexiones sobre el futuro.

Prefiere actuar y solucionar problemas concretos y tangibles.

Se adapta bien a los nuevos lugares y situaciones. Le gustan los nuevos retos y el riesgo. Es capaz de mantener la sangre fría ante las amenazas y los peligros. Su taciturnidad y su extrema sobriedad a la hora de expresar opiniones hace que suela ser indescifrable para los demás.

Tendencias naturales del *pragmático*:

- Fuente de energía vital: mundo interior.
- Asimilación de información: sentidos.
- Toma de decisiones: razón.
- Estilo de vida: espontáneo.

Tipos de personalidad similares:

- *Inspector*
- *Animador*
- *Administrador*

Datos estadísticos:

- Los *pragmáticos* constituyen el 6-9% de la población.
- Entre los *pragmáticos* predominan los hombres (60%).
- El país que se corresponde con el perfil de *pragmático* es Singapur[1].

Código literal:

El código literal universal del *pragmático* en las tipologías de personalidad de Jung es ISTP.

Características generales

Los *pragmáticos* viven el día a día. Tienen una actitud positiva hacia la vida y saben disfrutar

---

[1] Esto no quiere decir que todos los habitantes de Singapur pertenezcan a este tipo de personalidad, sino que la sociedad singapurense, en su conjunto, tiene muchas características del *pragmático*.

cada momento. Raramente se preocupan por el futuro y su vida transcurre aquí y ahora. Normalmente, no les gustan los planes a largo plazo ni las obligaciones de largo alcance. Tampoco le dedican demasiado tiempo a la preparación. Actúan de forma más impulsiva que planificada. Tienen un buen sentido de la estética, pero no les gustan la extravagancia ni las cosas insólitas. Su estilo de vida es relativamente sencillo.

Percepción y estudios

Los *pragmáticos* advierten detalles que los demás no ven, aunque les cuesta percibir una perspectiva más amplia, las consecuencias a largo plazo de sus decisiones y las relaciones entre hechos y fenómenos concretos. Les gusta la acción y son extremadamente pragmáticos (de ahí el nombre de este tipo de personalidad). De entre todos los tipos de personalidad, los *pragmáticos* son los que tienen una mayor tendencia al riesgo. Tienen también un sentido natural técnico y habilidades manuales. Ante teorías y conceptos abstractos que no pueden ser aplicados en la práctica, normalmente son escépticos.

Por lo general, son de los que en su infancia desmontaban juguetes o dispositivos para ver cómo estaban hechos. Normalmente no tienen buenos recuerdos de los tiempos escolares (les aburren las tareas puramente teóricas y monótonas). Aprenden de mejor grado y más eficazmente a través de la experiencia. A la hora de realizar las tareas, les gustan los experimentos y valoran la libertad. Les interesa la forma de funcionamiento de diferentes dispositivos, y a menudo usan las herramientas con habilidad, por ejemplo, cuando realizan diversas modificaciones, mejoras o reparaciones. Al solucionar un problema, se orientan rápidamente sobre qué herramientas y recursos van a ser necesarios, y pasan inmediatamente a la acción. Se les dan bien los trabajos manuales. Incluso al hacer una tarea por primera vez pueden causar la impresión de ser expertos.

Brújula interior

Los *pragmáticos* por naturaleza son flexibles, y son capaces de adaptarse bien a las nuevas circunstancias. Sin embargo, no permiten que los demás violen su privacidad ni organicen su vida. No les gusta cuando alguien les dice qué deben hacer o cómo deben vivir. A veces, se comportan intencionadamente — para mantener sus principios — de forma distinta a la esperada. Se caracterizan por su extrema independencia. No dejan que los demás tomen decisiones por ellos. No les gusta ser supervisados ni controlados. Necesitan independencia, libertad y espacio. Se irritan cuando alguien invade su territorio. A veces, simplemente se obsesionan por su privacidad.

Normalmente son escépticos ante las autoridades que todos reconocen, y las normas y verdades impuestas desde arriba. En la vida prefieren guiarse por sus propios principios. Por lo general, hacen lo que ellos mismos consideran correcto, sin preocuparse demasiado por las opiniones y valoraciones de los demás. Soportan bien la crítica y ellos mismos también son capaces de valorar críticamente las actuaciones de los demás. Son resistentes a la presión del exterior y se mantienen, independientemente de las circunstancias, en sus convicciones y predilecciones.

Normalmente, profesan los principios del igualitarismo. Consideran que todas las personas son iguales y deberían ser tratadas de la misma forma. Los títulos, la procedencia y la ocupación de un determinado puesto no causan en ellos demasiada impresión. Sin embargo, respetan a los que tienen alguna experiencia especial o habilidades prácticas.

A los ojos de los demás

Son vistos por las demás como personas seguras de sí mismas, frías y enigmáticas. Sin embargo, son considerados como expertos en asuntos que requieren habilidades manuales u orientación técnica. Son vistos como personas ingeniosas y prácticas. Siempre se puede contar con su ayuda. Sin embargo, sorprenden a su entorno por ser tan variables. Pierden rápidamente el entusiasmo y cambian a menudo de opinión. A los demás también les irrita, a veces, su escasa capacidad de predicción y su falta de interés por cuestiones que estén más allá del «aquí y ahora». También produce consternación en el entorno su naturaleza misteriosa, su taciturnidad y su aversión por compartir sus propios pensamientos y opiniones.

A su vez, a los propios *pragmáticos* no les gustan las personas que intentan enseñarles o ejercer presión sobre ellos. Tampoco comprenden a las personas que son capaces de hablar meses sobre planes a largo plazo, sin emprender, sin embargo, ninguna acción práctica para realizarlos. También les cuesta entender que, personas que ven una misma situación y disponen de la misma información, puedan llegar a conclusiones radicalmente diferentes.

Comunicación

Su taciturnidad hace que a menudo sean vistos como misteriosos e impenetrables. Normalmente toman las decisiones por sí mismos y raramente las consultan con los demás. A veces sorprenden con este comportamiento a sus familiares y compañeros de trabajo. De entre todos los tipos de personalidad, los *pragmáticos* son los menos comunicativos. Sus declaraciones, aunque escasas y lacónicas, sin embargo, son normalmente muy acertadas y concretas.

Observación

Los *pragmáticos* son unos excelentes observadores. Monitorizan continuamente el entorno buscando informaciones nuevas y perciben rápidamente los cambios. Evalúan los nuevos datos adquiridos principalmente desde el punto de vista de su influencia sobre su propia vida o de la posibilidad de su uso para solucionar problemas concretos con los que tratan. También tienen tendencia a rechazar la información que no es conforme con su propia experiencia. Esta actitud estrecha a veces su perspectiva e incluso contribuye al desarrollo de una visión propia y alternativa del mundo.

Resolución de problemas

Al solucionar un problema, los *pragmáticos* saben valorar rápidamente la situación. Tienen en cuenta todos los medios y posibilidades disponibles en un momento dado, y toman rápidamente la decisión adecuada. Se desenvuelven perfectamente en situaciones de crisis, que requieran decisiones rápidas o improvisación. Cuando fallan los procedimientos comprobados y los principios establecidos, y además los demás pierden el suelo bajo los pies, ellos se guían por su brújula interior y conservan la sangre fría.

En una situación de mucho riesgo creciente o ante el peligro son capaces de tomar fríamente las decisiones necesarias. Actúan de forma racional y objetiva, sin reparar en las reacciones emocionales del entorno.

Descanso

Los *pragmáticos* saben disfrutar de la vida y combinar hábilmente el trabajo y el placer. Encuentran tiempo para el relax y las aficiones. En los ratos libres, a menudo utilizan sus habilidades manuales. También les gusta la actividad física y la diversión. Les gusta encontrarse con personas con intereses y puntos de vista similares. De esta forma, profundizan sus conocimientos y obtienen nueva información. Son relativamente resistentes al estrés. Sin embargo, una tensión prolongada hace que a veces se vuelvan cínicos y amargados. También eso puede conducir a un autoaislamiento cada vez más profundo o a reacciones exageradas y explosivas.

Aspecto social de la personalidad

Los *pragmáticos* son, por lo general, reservados en los contactos y es difícil acercarse a ellos. Esto no es debido, como sospechan algunos, a que tengan una cierta aversión a la gente. Normalmente, son tolerantes y abiertos a los demás y son capaces de entablar relaciones sanas y amistosas. Sin embargo, suponen que las conversaciones y las reuniones deberían servir para algo (por ejemplo, para solucionar conjuntamente problemas).

Para ellos, el hecho de estar entre la gente no es un valor en sí mismo. No les gustan los eventos de integración, las reuniones sociales ni las fiestas ocasionales. No comprenden el mundo de las formas ni la cortesía y no son capaces de hablar «del tiempo». Les sorprende que los demás tengan tiempo para hablar de todo y de nada. Por lo general, no les interesan los encuentros con personas que no conocen. También les aburren las conversaciones con personas a quienes les interesan cosas completamente diferentes.

Un problema habitual que tienen los *pragmáticos* es su incapacidad para hablar de sus sentimientos y emociones. Normalmente, creen que los actos tienen más poder que las palabras, por eso intentan comunicar sus sentimientos y afecto a través de acciones concretas. Cuando sus amigos y familiares necesitan ayuda práctica, siempre pueden contar con ellos. El respeto y la admiración de los demás es para ellos una gran satisfacción; por eso, les gusta sentirse especialistas en su campo.

Entre amigos

En las relaciones con otras personas los *pragmáticos* valoran la sencillez y la independencia. A menudo, evitan conscientemente los contactos que requieren una implicación emocional más profunda y que absorben tiempo y energía. Respetan la privacidad y la independencia de los demás, pero también valoran su propia libertad y defienden solícitamente su territorio. A menudo, necesitan soledad, silencio y espacio, lo que suele ser percibido como una muestra de distancia respecto a los demás o una falta de interés por sus necesidades.

Sin embargo, sus amigos también conocen su otra faceta. Cuando están entre buenos amigos, los *pragmáticos* los escuchan de buen grado y a menudo les hacen muchas preguntas. Los demás los ven como personas tolerantes y flexibles y como compañeros que no dan problemas. Se sitúan fácilmente en diferentes circunstancias, y los otros ven que son personas a las que les pasan muchas cosas. A otros les impresiona su capacidad de disfrutar de la vida y su afición por las aventuras y las sensaciones fuertes.

Son capaces de escuchar a los demás con un interés sincero, pero ellos mismos no hablan mucho. Raramente expresan su propio parecer y no les gusta abrirse ante los demás. Suele ocurrir que cuando se les pide su opinión responden de forma evasiva o enigmática. Algunas veces, dan la sensación de ser solitarios, aunque en realidad necesitan a otras personas: sin ellas, se sienten alienados e innecesarios. Establecen normalmente relaciones más cercanas con personas con puntos de vista e intereses similares. Frecuentemente apenas tienen algunos conocidos o amigos íntimos. Normalmente entre ellos se encuentran *inspectores*, *animadores*, *lógicos* y otros *pragmáticos*. Más raramente, *consejeros*, *mentores* y *entusiastas*.

En el matrimonio

Los *pragmáticos* proporcionan un gran margen de libertad a sus esposas / maridos. Ellos mismos también necesitan libertad y soportan mal cualquier intento de limitación. Aportan espontaneidad y entusiasmo a su matrimonio. Normalmente se concentran en el día a día y no piensan en lo que deparará el futuro. Esto no quiere decir que no puedan permanecer en una misma relación durante toda la vida. Simplemente no adoptan una perspectiva tan amplia: cada nuevo día es para ellos una hoja en blanco. Normalmente no piensan a largo plazo, por lo que prometer amor «hasta que la muerte nos separe» puede infundirles miedo.

Por lo general, son taciturnos y raramente expresan sus opiniones, puntos de vista y sentimientos. El mayor reto en los matrimonios con *pragmáticos* es su incapacidad para percibir los sentimientos y necesidades emocionales de sus parejas (a menudo, equivocadamente entendida como una falta de interés). Los *pragmáticos* pueden amar a su cónyuge sinceramente y, al mismo tiempo, no darse cuenta en absoluto de sus sentimientos, emociones y experiencias. También pueden no comprender que sus esposas/maridos necesiten cumplidos y cariño. Ellos mismos no tienen esas necesidades, por lo que ocurre que se sorprenden ante estas exigencias y no saben cómo hacerles frente.

Ante una crisis, los *pragmáticos* normalmente intentan salvar la relación. Sin embargo, si sus intentos no dan resultados pueden rendirse, reconociendo que la situación les ha superado y que su pareja tiene unas expectativas demasiado elevadas. Normalmente no tienen mayores problemas a la hora de finalizar unas relaciones tóxicas y destructivas.

Los candidatos naturales a maridos/esposas de los *pragmáticos* son personas de tipos de personalidad afines: *inspectores, animadores* o *administradores*. En estos matrimonios, es más fácil crear una comprensión mutua y unas relaciones armoniosas. Sin embargo, la experiencia muestra que las personas pueden crear relaciones exitosas y felices también a pesar de una evidente disconformidad tipológica. Aún más, las diferencias entre los cónyuges pueden aportar dinámica a estas relaciones y ayudar al desarrollo personal (a muchas personas esta perspectiva les parece más atractiva que la visión de una relación armoniosa, en la que siempre reina el acuerdo y una plena comprensión mutua).

Como padres

Los *pragmáticos* como padres también son flexibles y tolerantes. No controlan en exceso a sus hijos y les dan bastante libertad y espacio para su desarrollo. Si la situación lo requiere, sin embargo, son capaces de emplear la disciplina y los castigos. En cambio, no se sienten obligados a inculcarles sus propios valores, ni tampoco se ven obligados a explicarles el funcionamiento del mundo o decirles cómo se debe vivir. Como resultado, a sus hijos a veces les faltan unos principios que rijan sus vidas. Entre los *pragmáticos* y sus hijos existe también a menudo cierto tipo de distanciamiento emocional (cuando el segundo progenitor no es capaz de satisfacer las necesidades emocionales de los hijos, esto puede provocar dificultades serias en las relaciones).

Los *pragmáticos* proporcionan a sus hijos diversas atracciones (normalmente no escatiman dinero en estas actividades), aunque les cuesta más implicarse emocionalmente y dedicar tiempo a jugar y hablar con ellos. Suele ocurrir que en el día a día están bastante ausentes en la vida de sus hijos. Por contra, se les da perfectamente la organización de diferentes tipos de viajes o excursiones. Esos momentos son, para los *pragmáticos*, una oportunidad para ir conociendo mejor a sus hijos. Para los hijos son, a su vez, los momentos más valiosos de su infancia, y son acontecimientos que se graban en su memoria para toda la vida.

Trabajo y carrera profesional

La pasión de los *pragmáticos* es su clave para el éxito. Si se ocupan de lo que despierta su entusiasmo pueden conseguir muchas cosas. Son «personas de acción». Les gusta la actividad y la variabilidad. Se aburren rápidamente y no les gustan las tareas que requieren una larga concentración o planificar y pensar en el futuro.

Prefieren los proyectos con un horizonte temporal más cercano.

Empresas

Se encuentran a disgusto en instituciones burocratizadas con estructuras rígidas y procedimientos definidos con excesiva precisión. Los planes, informes y memorias no son su mundo. Soportan muy mal la rutina. Les gusta la diversidad y son capaces de ocuparse de muchas cosas a la vez (por lo general, les resulta más fácil empezar algo que llevarlo hasta el final).

Se encuentran bien en empresas que no ponen limitaciones a los trabajadores y les dan libertad en la realización de las tareas. Prefieren dedicarse a la solución de problemas concretos, prácticos y tangibles. No tienen miedo al riesgo ni a los experimentos. Sin embargo, les gusta actuar en campos que conocen bien. A menudo, los *pragmáticos* se convierten con el paso de los años en verdaderos expertos en los campos por los que se interesan.

En equipo

Los *pragmáticos* son capaces de actuar con otras personas, pero en su caso el trabajo en común normalmente no conduce a lazos emocionales con el grupo. Al trabajar en equipo, son normalmente los que aportan una valoración objetiva y realista de la situación y son capaces de analizar los hechos fríamente y sin emociones.

Superiores

Normalmente aprecian a los superiores que garantizan a los subordinados libertad de actuación. No necesitan un control estricto, ya que ellos mismos se motivan para el trabajo. Cuando desempeñan puestos de dirección perciben rápidamente los problemas de la empresa e identifican los eslabones débiles. Muy raramente ven la realidad de color de rosa.

Por lo general, son realistas y no se hacen ilusiones. No intentan persuadir a los demás ni a ellos mismos de que las cosas vayan a ir mejor y de alguna manera se puedan arreglar por sí mismas. Tampoco tienen escrúpulos con los trabajadores más flojos: normalmente se deshacen rápidamente de ellos.

No son partidarios de estilos de gestión de la empresa de tipo colegial y democrático. No les gusta consultar ni contar con las opiniones de los demás. Prefieren tomar las decisiones por sí mismos. Un problema frecuente es que no delegan suficientemente las responsabilidades, por lo que suelen estar sobrecargados.

Normalmente no tienen miedo al riesgo. Toman decisiones valientes y juegan fuerte. A veces lo apuestan todo a una sola carta. No temen las decisiones difíciles y son capaces de actuar basándose en datos incompletos. Las emociones y los sentimientos no afectan a su trabajo. A veces, se les acusa de que al tomar decisiones no tienen en consideración los «costes humanos» (les interesa principalmente el bien objetivo de la empresa y no la opinión del personal).

Profesiones

El conocimiento del perfil de personalidad propio y de las preferencias naturales es una ayuda inestimable a la hora de elegir la carrera profesional más conveniente. La experiencia muestra que los *pragmáticos* pueden trabajar con éxito y sentirse realizados en diferentes campos, aunque su tipo de personalidad los predispone de forma natural para profesiones tales como:

- agricultor,
- analista de sistemas informáticos,
- antiterrorista,
- asistente técnico,
- aviador,
- bombero,
- carpintero,
- cerrajero,
- conductor,
- deportista,
- detective,
- economista,
- electricista,
- electrónico,
- empresario,
- especialista en TI,
- farmacéutico,
- ingeniero,

- joyero,
- jurista,
- mecánico,
- militar,
- músico,
- policía,
- programador informático,
- socorrista,
- técnico,
- trabajador de la construcción,
- trabajador de seguridad,
- trabajador de un centro de gestión de emergencias.

Potenciales puntos fuertes y débiles

Los *pragmáticos*, al igual que otros tipos de personalidad, tienen potenciales puntos fuertes y débiles. Este potencial puede ser gestionado de diferentes formas. La felicidad personal y la realización profesional de los *pragmáticos* dependen de si aprovechan las oportunidades relacionadas con su tipo de personalidad y de si hacen frente a las amenazas que les acechan. He aquí un RESUMEN de estas oportunidades y amenazas:

Puntos fuertes potenciales

Los *pragmáticos* son espontáneos, flexibles y tolerantes. Son buenos oyentes y unos excelentes observadores: advierten detalles imperceptibles para los demás. Recopilan la información recogida en su característica base de datos interior y son capaces de utilizarla para solucionar problemas concretos. Son prácticos y tienen habilidades manuales y técnicas naturales. Se caracterizan por su actitud positiva hacia la vida. Son capaces de disfrutar del momento presente. Están seguros de sí mismos, son optimistas y entusiastas. Les gusta la actividad y soportan bien los cambios. No escatiman tiempo ni energías con sus allegados cuando estos necesitan ayuda práctica.

Independientemente de las circunstancias, se suelen mantener en sus propias convicciones y son resistentes a la crítica y a la presión por parte de los demás. Ellos mismos también saben expresar opiniones críticas y — si la situación lo requiere — pueden llamar la atención a los demás. Saben tomar decisiones a partir de datos incompletos y son capaces de actuar en condiciones de riesgo creciente. Se desenvuelven perfectamente en situaciones peligrosas y de crisis, también en circunstancias que cambian rápidamente. Cuando a los demás les pueden las emociones, ellos mantienen la sangre fría y toman fríamente decisiones objetivas y racionales. No tienen miedo a dar pasos atrevidos ni a las acciones arriesgadas. Saben cómo terminar las relaciones tóxicas y destructivas.

Puntos débiles potenciales

Uno de los mayores puntos débiles potenciales de los *pragmáticos* es su incapacidad para expresar sus sentimientos y su insensibilidad ante las necesidades emocionales de los demás (por lo que pueden herir inconscientemente a las personas). Otra fuente de problemas suele ser su taciturnidad y su incapacidad para adaptar la forma de comunicación a la situación. Su aversión por cualquier control o supervisión puede, a su vez, conducirles a la característica obsesión que tienen por la privacidad, y puede llevarles al autoaislamiento.

A los *pragmáticos* no se les da demasiado bien la realización de tareas con un horizonte temporal lejano o una planificación estratégica. Les cuesta percibir una perspectiva más amplia, las consecuencias a largo plazo de sus actuaciones y las relaciones entre hechos y fenómenos concretos. También suelen tener problemas a la hora de asimilar teorías complejas y abstractas. Así mismo, les cuesta concentrarse durante mucho tiempo en una sola actividad: se aburren rápidamente y se distraen. Les resulta más sencillo empezar una tarea que llevarla hasta el final.

Tienen tendencia a rechazar todo lo que no es conforme con su experiencia y a rodearse de personas que comparten sus intereses y puntos de vista, lo que hace que se creen su propia visión del mundo, una visión alternativa. A pesar de su carácter abierto a los nuevos conocimientos y experimentos dentro de los campos que les interesan, raramente van más allá de las áreas que les son conocidas.

Desarrollo personal

El desarrollo personal de los *pragmáticos* depende del grado en que utilizan su potencial natural y se sobreponen a los riesgos relacionados con su tipo de personalidad. Los siguientes consejos prácticos constituyen un decálogo característico del *pragmático*.

Piensa a largo plazo

Eres capaz de solucionar problemas inmediatos y prácticos. Sin embargo, los problemas más importantes requieren a menudo un enfoque global y una acción a largo plazo. Para poder solucionarlos, debes ampliar tu perspectiva y ampliar tu horizonte temporal.

Valora la teoría

Rechazar todo aquello que no puede aplicarse inmediatamente en la práctica conlleva una serie de limitaciones. Es cierto que no todas las teorías pueden ser utilizadas para resolver problemas concretos, pero a menudo, estas amplían nuestra perspectiva y ayudan a comprender el mundo. No pocas veces también son una inspiración para proyectos prácticos en el futuro.

Ensancha tu mundo

Prueba cosas que vayan más allá del mundo de tus intereses y experiencias actuales. Habla con personas que tengan puntos de vista o intereses diferentes a los tuyos. Acepta tareas de las que hasta ahora nunca te habías encargado. Esto te proporcionará muchas experiencias valiosas y hará que percibas el mundo desde una perspectiva más amplia.

Acaba lo que hayas empezado

Empiezas cosas nuevas con entusiasmo, pero te cuesta acabar lo que empezaste antes. Esta forma de actuar normalmente da resultados mediocres. Intenta establecer qué es lo más importante para ti, cómo quieres hacerlo y a continuación pasa a la acción, y sobre todo, ¡procura que no te distraigan!

No rechaces las ideas y opiniones de otras personas

No supongas de antemano que son erróneas cuando sean contrarias a tus puntos de vista. Antes de juzgarlas como algo sin valor, piensa bien en ellas e intenta comprenderlas.

Habla más

Comparte con los demás tus pensamientos e ideas. Expresa tus emociones y di cómo te sientes y lo qué te está pasando. De esta forma ayudarás a tus compañeros de trabajo y familiares. Normalmente, cualquier cosa que digas será mejor que el silencio.

Trata a los demás «como personas»

Las personas no quieren ser percibidas exclusivamente como herramientas que sirven para realizar un objetivo. Desean que se perciban sus emociones, sentimientos y pasiones. Al tratar con los demás, intenta ponerte en su situación y comprender lo que experimentan, qué les apasiona, qué les inquieta, a qué tienen miedo... ¡Notarás la diferencia y eso te sorprenderá!

No rechaces los principios universales

En la vida te guías por tu propia «brújula» y consideras que por suerte no necesitas ningún principio universal. Sin embargo, ¡la sociedad necesita estos principios! Piensa qué ocurriría si todos ignorasen los principios de la vida social y empezaran a guiarse solo por sus propias reglas.

Pide ayuda a los demás

Cuando pases por dificultades, comparte esto con personas de confianza. Si necesitas ayuda, ¡no dudes en pedirla a los demás!

Actúa menos impulsivamente

Antes de tomar una decisión o implicarte en un asunto, dedica algo de tiempo a reunir información y analizarla, así como a valorar objetivamente la situación. Posiblemente esto limitará el número de tus acciones, pero también hará que sean más efectivas.

Personas conocidas

La lista de personas conocidas que se corresponden con el perfil de *pragmático* incluye, entre otros, los siguientes nombres:

- **Leonardo da Vinci**, realmente Leonardo di ser Piero da Vinci (1452 - 1519), pintor renacentista italiano, arquitecto, filósofo, músico, poeta, inventor, matemático, mecánico, anatomista, geólogo: posiblemente el hombre con el talento más universal de toda la historia;

- **Miguel Ángel**, realmente Michelangelo di Lodovico Buonarroti Simon (1475 - 1564), pintor, escultor, poeta y arquitecto italiano, uno de los más eminentes artistas del Renacimiento;

- **Charles Bronson**, realmente Charles Dennis Buchinsky (1921 - 2003), actor de cine estadounidense de origen tártaro (entre otras películas, *Doce del patíbulo*);

- **Alan Bartlett Shepard** (1923 - 1998), primer astronaut estadounidense;

- **Clint Eastwood** (n. 1930), actor estadounidense (entre otras películas, *Los puentes de Madison*), director, productor y compositor de cine, ganador de numerosos premios prestigiosos;

- **Woody Allen**, realmente Allan Stewart Königsberg (n. 1935), guionista, director y actor estadounidense (entre otras películas, *Aprendiz de gigoló*), músico, productor, compositor, ganador de numerosos premios prestigiosos;
- **Bruce Lee**, realmente Lee Jun Fan (1940 - 1973), actor estadounidense de origen chino (entre otras películas, *Operación Dragón*), maestro de las artes marciales;
- **Frank Zappa** (1940 - 1993), músico de rock y jazz estadounidense, líder del grupo *The Mothers of Invention*;
- **Michael Douglas** (n. 1944), actor estadounidense (entre otras películas, *Wall Street*), director y productor de cine;
- **John Malkovich** (n. 1953), actor estadounidense (entre otras películas, *En la línea de fuego*), director y productor de cine de origen croata;
- **Rowan Atkinson** (n. 1955), actor británico de cine y cómico (entre otras series, *Mr. Bean*);
- **Meg Ryan**, realmente Margaret Mary Emily Hyra (n. 1961), actriz estadounidense, especialista en papeles en comedias románticas (entre otras películas, *Tienes un e-mail*);

- **Tom Cruise** (n. 1962), actor estadounidense (entre otras películas, *Misión imposible*) y productor de cine.

16 tipos de personalidad de forma breve

Administrador (ESTJ)

Lema vital: *¡Hagamos esa tarea!*

Trabajador, responsable y extraordinariamente leal. Enérgico y decidido. Valora el orden, la estabilidad, la seguridad y las reglas claras. Objetivo y concreto. Lógico, racional y práctico. Es capaz de asimilar una gran cantidad de información detallada.

Organizador perfecto. No tolera la ineficiencia, el despilfarro ni la pereza. Fiel a sus convicciones y directo en los contactos. Presenta sus puntos de vista de forma decidida y expresa abiertamente opiniones críticas, por lo que en ocasiones hiere inconscientemente a otras personas.

Tendencias naturales del *administrador*:

- Fuente de energía vital: mundo exterior.
- Asimilación de información: sentidos.
- Toma de decisiones: razón.
- Estilo de vida: organizado.

Tipos de personalidad similares:

- *Animador*
- *Inspector*
- *Pragmático*

Datos estadísticos:

- Los *administradores* constituyen el 10-13% de la sociedad.
- Entre los *administradores* predominan los hombres (60%).
- Un país que se corresponde con el perfil del *administrador* son los Estados Unidos[2].

Código literal:

El código literal universal del *administrador* en las tipologías de personalidad de Jung es ESTJ.

---

[2] Esto no quiere decir que todos los habitantes de los EE. UU. pertenezcan a este tipo de personalidad, sino que la sociedad estadounidense, en su conjunto, tiene muchas características del *administrador*.

Más:

Jarosław Jankowski
Tu tipo de personalidad: Administrador (ESTJ)

Animador (ESTP)

Lema vital: *¡Hagamos algo!*

Enérgico, activo y emprendedor. Le gusta la compañía de otros y sabe pasárselo bien y disfrutar del momento presente. Es espontáneo, flexible y suele estar abierto a los cambios.

Es entusiasta inspirador e iniciador, suele motivar a los demás a actuar. Lógico, racional y extraordinariamente pragmático. Realista. Le aburren las ideas abstractas y las reflexiones sobre el futuro. Procura solucionar los problemas concretos e inmediatos que se le presentan, pero a menudo también tiene dificultades con la organización y la planificación. Suele ser impulsivo. Suele ocurrir que primero actúa y luego piensa.

Tendencias naturales del *animador:*

- Fuente de energía vital: mundo exterior.
- Asimilación de información: sentidos.
- Toma de decisiones: razón.
- Estilo de vida: espontáneo.

Tipos de personalidad similares:

- *Administrador*
- *Pragmático*
- *Inspector*

Datos estadísticos:

- Los *animadores* constituyen el 6-10% de la sociedad.
- Entre los *animadores* predominan los hombres (60%).
- El país que se corresponde con el perfil de *animador* es Australia.

Código literal:

El código literal universal del *animador* en las tipologías de personalidad de Jung es ESTP.

Más:

Jarosław Jankowski
Tu tipo de personalidad: Animador (ESTP)

Artista (ISFP)

Lema vital: *¡Creemos algo!*

Sensible, creativo y original. Tiene un gran sentido de la estética y capacidades artísticas naturales. Independiente, se guía por su propia escala de valores y no cede ante la presión. Optimista y con una actitud positiva hacia la vida; es capaz de disfrutar del momento.

Disfruta ayudando a los demás. Le aburren las teorías abstractas; prefiere crear la realidad que hablar de ella. Sin embargo, le resulta más fácil empezar cosas nuevas que acabar las empezadas antes. Suele tener dificultades para expresar sus propios deseos y necesidades.

Tendencias naturales del *artista*:

- Fuente de energía vital: mundo interior.
- Asimilación de información: sentidos.
- Toma de decisiones: corazón.
- Estilo de vida: espontáneo.

Tipos de personalidad similares:

- *Protector*
- *Presentador*
- *Defensor*

Datos estadísticos:

- Los *artistas* constituyen el 6-9% de la población.
- Entre los *artistas* predominan las mujeres (60%).
- El país que se corresponde con el perfil de *artista* es China.

Código literal:

El código literal universal del *artista* en las tipologías de personalidad de Jung es ISFP.

Más:

Jarosław Jankowski
Tu tipo de personalidad: Artista (ISFP)

Consejero (ENFJ)

Lema vital: *Mis amigos son mi mundo.*

Optimista, entusiasta y gracioso. Amable, sabe actuar con tacto. Tiene el extraordinario don de la empatía y disfruta actuando de forma desinteresada a favor de los demás. Es capaz de influir en sus vidas: inspira, descubre en ellos el potencial oculto que tienen y suscita confianza en sus propias fuerzas. Irradia ternura y atrae a las demás personas. A menudo las ayuda a resolver sus problemas personales.

Suele ser crédulo, aunque un poco ingenuo, y tiene tendencia a ver el mundo de color de rosa. Concentrado en los demás, a menudo se olvida de sus propias necesidades.

Tendencias naturales del *consejero*:

- Fuente de energía vital: mundo exterior.
- Asimilación de información: intuición.
- Toma de decisiones: corazón.
- Estilo de vida: organizado.

Tipos de personalidad similares:

- *Entusiasta*
- *Mentor*
- *Idealista*

Datos estadísticos:

- Los *consejeros* constituyen el 3-5% de la población.
- Entre los *consejeros* predominan claramente las mujeres (80%).
- El país que se corresponde con el perfil de *consejero* es Francia.

Código literal:

El código literal universal del *consejero* en las tipologías de personalidad de Jung es ENFJ.

Más:

Jarosław Jankowski
Tu tipo de personalidad: Consejero (ENFJ)

Defensor (ESFJ)

Lema vital: *¿Cómo puedo ayudarte?*

Entusiasta, enérgico y bien organizado. Práctico, responsable, concienzudo. Cordial y extraordinariamente sociable.

Percibe los sentimientos humanos, las emociones y necesidades. Valora la armonía. Soporta mal la crítica y los conflictos. Es sensible a todas las manifestaciones de injusticia y protesta cuando ve que lastiman a otras personas. Se interesa sinceramente por los problemas de los demás y siente una verdadera alegría al ayudarlos. Al velar por sus necesidades a menudo desatiende las suyas propias. Tiene tendencia a hacer por los demás cosas que ellos mismos deberían hacer. Suele ser susceptible a la manipulación.

Tendencias naturales del *defensor*:

- Fuente de energía vital: mundo exterior.
- Asimilación de información: sentidos.
- Toma de decisiones: corazón.
- Estilo de vida: organizado.

Tipos de personalidad similares:

- Presentador
- Protector
- Artista

Datos estadísticos:

- Los *defensores* constituyen el 10-13% de la población.
- Entre los *defensores* predominan claramente las mujeres (70%).
- El país que se corresponde con el perfil de *defensor* es Canadá.

Código literal:

El código literal universal del *defensor* en las tipologías de personalidad de Jung es ESFJ.

Más:

Jarosław Jankowski
Tu tipo de personalidad: Defensor (ESFJ)

Director (ENTJ)

Lema vital: *Os diré lo que hay que hacer.*

Independiente, activo y decidido. Racional, lógico y creativo. Percibe un contexto más amplio de los problemas analizados y es capaz de prever las futuras consecuencias de las acciones humanas. Se caracteriza por el optimismo y un sensato sentido de su propio valor. Es capaz de transformar conceptos teóricos en planes de actuación concretos y prácticos.

Visionario, mentor y organizador. Tiene unas capacidades de liderazgo innatas. Su fuerte personalidad, su criticismo y su estilo directo a menudo intimidan a los demás y provocan problemas en sus relaciones interpersonales.

Tendencias naturales del *director*:

- Fuente de energía vital: mundo exterior.
- Asimilación de información: intuición.
- Toma de decisiones: razón.
- Estilo de vida: organizado.

Tipos de personalidad similares:

- *Innovador*
- *Estratega*
- *Lógico*

Datos estadísticos:

- Los *directores* constituyen el 2-5% de la población.

- Entre los *directores* predominan claramente los hombres (70%).
- El país que se corresponde con el perfil de *director* es Holanda.

Código literal:

El código literal universal del *director* en las tipologías de personalidad de Jung es ENTJ.

Más:

Jarosław Jankowski
Tu tipo de personalidad: Director (ENTJ)

Entusiasta (ENFP)

Lema vital: *¡Podemos hacerlo!*

Enérgico, entusiasta y optimista. Es capaz de disfrutar de la vida y piensa a largo plazo. Dinámico, ingenioso y creativo. Le gustan las personas y aprecia las relaciones sinceras y auténticas. Cálido, cordial y emocional. Soporta mal la crítica. Tiene el don de la empatía y percibe las necesidades, los sentimientos y los motivos de los demás. Los inspira y los contagia con su entusiasmo.

Le gusta estar en el centro de los acontecimientos. Es flexible y capaz de improvisar. Es propenso a tener ocurrencias idealistas. Se distrae con facilidad y tiene problemas para llevar los asuntos hasta el final.

Tendencias naturales del *entusiasta*:

- Fuente de energía vital: mundo exterior.
- Asimilación de información: intuición.
- Toma de decisiones: corazón.
- Estilo de vida: espontáneo.

Tipos de personalidad similares:

- *Consejero*
- *Idealista*
- *Mentor*

Datos estadísticos:

- Los *entusiastas* constituyen el 5-8% de la población.
- Entre los *entusiastas* predominan las mujeres (60%).
- El país que se corresponde con el perfil de *entusiasta* es Italia.

Código literal:

El código literal universal del *entusiasta* en las tipologías de personalidad de Jung es ENFP.

Más:

Jarosław Jankowski
Tu tipo de personalidad: Entusiasta (ENFP)

Estratega (INTJ)

Lema vital: *Esto puede perfeccionarse.*

Independiente, marcado individualismo, con una enorme cantidad de energía interna. Creativo e ingenioso. Visto por los demás como competente y seguro de sí mismo y, a la vez, como distante y enigmático. Mira cada asunto desde una perspectiva amplia. Desea perfeccionar y ordenar el mundo que le rodea.

Bien organizado, responsable, crítico y exigente. Es difícil sacarlo de sus casillas, pero también es difícil satisfacerlo totalmente. Por lo general, tiene problemas para interpretar los sentimientos y emociones de otras personas.

Tendencias naturales del *estratega*:

- Fuente de energía vital: mundo interior.
- Asimilación de información: intuición.
- Toma de decisiones: razón.
- Estilo de vida: organizado.

Tipos de personalidad similares:

- *Lógico*
- *Director*
- *Innovador*

Datos estadísticos:

- Los *estrategas* constituyen el 1-2% de la población.

- Entre los *estrategas* predominan claramente los hombres (80%).
- El país que se corresponde con el perfil de *estratega* es Finlandia.

Código literal:

El código literal universal del *estratega* en las tipologías de personalidad de Jung es INTJ.

Más:

Jarosław Jankowski
Tu tipo de personalidad: Estratega (INTJ)

Idealista (INFP)

Lema vital: *Se puede vivir de otra manera.*

Sensible, leal, creativo. Desea vivir según los valores que profesa. Muestra interés por la realidad espiritual y ahonda en los secretos de la vida. Suele conmoverse por los problemas del mundo y está abierto a las necesidades de otras personas. Valora la armonía y el equilibrio.

Romántico: es capaz de demostrar amor, pero él mismo también necesita cariño y afecto. Interpreta perfectamente los motivos y sentimientos de otras personas. Crea relaciones sanas, profundas y duraderas. En situaciones de conflicto lo pasa mal, no sabe qué hacer. No resiste el estrés y la crítica.

Tendencias naturales del *idealista*:

- Fuente de energía vital: mundo interior.
- Asimilación de información: intuición.
- Toma de decisiones: corazón.
- Estilo de vida: espontáneo.

Tipos de personalidad similares:

- *Mentor*
- *Entusiasta*
- *Consejero*

Datos estadísticos:

- Los *idealistas* constituyen el 1-4% de la población.
- Entre los *idealistas* predominan las mujeres (60%).
- El país que se corresponde con el perfil de *idealista* es Tailandia.

Código literal:

El código literal universal del *idealista* en las tipologías de personalidad de Jung es INFP.

Más:

Jarosław Jankowski
Tu tipo de personalidad: Idealista (INFP)

Innovador (ENTP)

Lema vital: *Y si probamos a hacerlo de otra forma...*

Ingenioso, original e independiente. Optimista. Enérgico y emprendedor. Persona de acción: le gusta estar en el centro de los acontecimientos y resolver «problemas irresolubles». Tiene curiosidad por el mundo, y es propenso al riesgo y suele ser impaciente. Visionario, abierto a nuevas ideas y ocurrencias. Le gustan las nuevas experiencias y los experimentos. Percibe las relaciones entre acontecimientos concretos y piensa a largo plazo.

Espontáneo, comunicativo y seguro de sí mismo. Propenso a sobrevalorar sus propias posibilidades. Tiene problemas para llevar los asuntos hasta el final.

Tendencias naturales del *innovador*:

- Fuente de energía vital: mundo exterior.
- Asimilación de información: intuición.
- Toma de decisiones: razón.
- Estilo de vida: espontáneo.

Tipos de personalidad similares:

- *Director*
- *Lógico*
- *Estratega*

Datos estadísticos:

- Los *innovadores* constituyen el 3-5% de la población.
- Entre los *innovadores* predominan claramente los hombres (70%).
- El país que se corresponde con el perfil de *innovador* es Israel.

Código literal:

El código literal universal del *innovador* en las tipologías de personalidad de Jung es ENTP.

Más:

Jarosław Jankowski
Tu tipo de personalidad: Innovador (ENTP)

Inspector (ISTJ)

Lema vital: *Primero las obligaciones.*

Una persona con la que siempre se puede contar. Educado, puntual, cumplidor, concienzudo, responsable: «persona de confianza». Analítico, metódico, sistemático y lógico. Los otros lo ven como reservado, frío y serio. Aprecia la tranquilidad, la estabilidad y el orden. No le gustan los cambios. En cambio, le gustan los principios claros y las reglas concretas.

Trabajador y perseverante, es capaz de llevar los asuntos hasta el final. Perfeccionista. Quiere controlarlo todo. Parco en elogios. No aprecia el valor de los sentimientos y las emociones de otras personas.

Tendencias naturales del *inspector*:

- Fuente de energía vital: mundo interior.
- Asimilación de información: sentidos.
- Toma de decisiones: razón.
- Estilo de vida: organizado.

Tipos de personalidad similares:

- *Pragmático*
- *Administrador*
- *Animador*

Datos estadísticos:

- Los *inspectores* constituyen el 6-10% de la población.
- Entre los *inspectores* predominan los hombres (60%).
- El país que se corresponde con el perfil de *inspector* es Suiza.

Código literal:

El código literal universal del *inspector* en las tipologías de personalidad de Jung es ISTJ.

Más:

Jarosław Jankowski
Tu tipo de personalidad: Inspector (ISTJ)

Lógico (INTP)

Lema vital: *Lo más importante es conocer la verdad acerca del mundo.*

Original, ingenioso y creativo. Le gusta resolver problemas de índole teórica. Analítico, brillante y con una actitud entusiasta hacia las nuevas ideas. Es capaz de relacionar fenómenos concretos y deducir de ellos principios generales y teorías. Lógico, preciso e indagador. Percibe rápidamente los síntomas de incoherencia e inconsecuencia.

Independiente y escéptico ante las soluciones y autoridades establecidas. Tolerante y abierto a los nuevos retos. Se suele quedar absorto en sus reflexiones, a veces pierde el contacto con el mundo exterior.

Tendencias naturales del *lógico*:

- Fuente de energía vital: mundo interior.
- Asimilación de información: intuición.
- Toma de decisiones: razón.
- Estilo de vida: espontáneo.

Tipos de personalidad similares:

- *Estratega*
- *Innovador*
- *Director*

Datos estadísticos:

- Los *lógicos* constituyen el 2-3% de la población.
- Entre los *lógicos* predominan claramente los hombres (80%).
- El país que se corresponde con el perfil de *lógico* es la India.

Código literal:

El código literal universal del *lógico* en las tipologías de personalidad de Jung es INTP.

Más:

Jarosław Jankowski
Tu tipo de personalidad: Lógico (INTP)

Mentor (INFJ)

Lema vital: *¡El mundo puede ser mejor!*

Creativo, sensible, adelantado a su tiempo, capaz de ver las posibilidades que los demás no ven. Idealista y visionario orientado a la ayuda a las personas. Concienzudo, responsable y al mismo tiempo amable, solícito y amistoso. Se esfuerza por entender los mecanismos que rigen el mundo y trata de ver los problemas desde una perspectiva más amplia.

Excelente oyente y observador. Se caracteriza por una extraordinaria empatía, por su intuición y la confianza en las personas. Es capaz de interpretar los sentimientos y las emociones.

Soporta mal la crítica y las situaciones de conflicto. Puede parecer enigmático.

Tendencias naturales del *mentor*:

- Fuente de energía vital: mundo interior.
- Asimilación de información: intuición.
- Toma de decisiones: corazón.
- Estilo de vida: organizado.

Tipos de personalidad similares:

- *Idealista*
- *Consejero*
- *Entusiasta*

Datos estadísticos:

- Los *mentores* constituyen aproximadamente el 1% de la población y son el tipo de personalidad menos frecuente.
- Entre los *mentores* predominan claramente las mujeres (80%).
- El país que se corresponde con el perfil de *mentor* es Noruega.

Código literal:

El código literal universal del *mentor* en las tipologías de personalidad de Jung es INFJ.

Más:

Jarosław Jankowski
Tu tipo de personalidad: Mentor (INFJ)

Pragmático (ISTP)

Lema vital: *Los actos son más importantes que las palabras.*

Optimista, espontáneo y con una actitud positiva hacia la vida. Comedido e independiente. Fiel a sus propias convicciones y escéptico ante las normas y principios externos. Le aburren las teorías y las reflexiones sobre el futuro.

Prefiere actuar y solucionar problemas concretos y tangibles.

Se adapta bien a los nuevos lugares y situaciones. Le gustan los nuevos retos y el riesgo. Es capaz de mantener la sangre fría ante las amenazas y los peligros. Su taciturnidad y su extrema sobriedad a la hora de expresar opiniones hace que suela ser indescifrable para los demás.

Tendencias naturales del *pragmático*:

- Fuente de energía vital: mundo interior.
- Asimilación de información: sentidos.
- Toma de decisiones: razón.
- Estilo de vida: espontáneo.

Tipos de personalidad similares:

- *Inspector*
- *Animador*
- *Administrador*

Datos estadísticos:

- Los *pragmáticos* constituyen el 6-9% de la población.
- Entre los *pragmáticos* predominan los hombres (60%).
- El país que se corresponde con el perfil de *pragmático* es Singapur.

Código literal:

El código literal universal del *pragmático* en las tipologías de personalidad de Jung es ISTP.

Más:

Jarosław Jankowski
Tu tipo de personalidad: Pragmático (ISTP)

Presentador (ESFP)

Lema vital: *¡Hoy es el momento perfecto!*

Optimista, enérgico y abierto a las personas. Es capaz de disfrutar de la vida y pasarlo bien. Práctico y al mismo tiempo flexible y espontáneo. Le gustan los cambios y las nuevas experiencias. Soporta mal la soledad, el estancamiento y la rutina. Se siente bien estando en el centro de atención.

Tiene unas capacidades interpretativas naturales y es capaz de hablar de una forma que despierta el interés y el entusiasmo de los oyentes. Al concentrarse en el día de hoy, a veces pierde de vista los objetivos a largo plazo. Suele tener problemas a la hora de prever las consecuencias de sus actos.

Tendencias naturales del *presentador:*

- Fuente de energía vital: mundo exterior.
- Asimilación de información: sentidos.
- Toma de decisiones: corazón.
- Estilo de vida: espontáneo.

Tipos de personalidad similares:

- *Defensor*
- *Artista*
- *Protector*

Datos estadísticos:

- Los *presentadores* constituyen el 8 -13% de la población.
- Entre los *presentadores* predominan las mujeres (60%).
- El país que se corresponde con el perfil de *presentador* es Brasil.

Código literal:

El código literal universal del *presentador* en las tipologías de personalidad de Jung es ESFP.

Más:

Jarosław Jankowski
Tu tipo de personalidad: Presentador (ESFP)

Protector (ISFJ)

Lema vital: *Me importa tu felicidad.*

Sincero, tierno, modesto, digno de confianza y extraordinariamente leal. Pone en primer lugar a los demás: percibe sus necesidades y desea ayudarles. Práctico, bien organizado y responsable. Paciente, trabajador y perseverante: es capaz de llevar los asuntos hasta el final.

Observa y recuerda los detalles. Valora mucho la tranquilidad, la estabilidad y las relaciones amistosas con los demás. Es capaz de tender puentes entre las personas. Soporta mal los conflictos y la crítica. Tiene un fuerte sentido de la responsabilidad y siempre está dispuesto a ayudar. Los demás suelen aprovecharse de él.

Tendencias naturales del *protector*:

- Fuente de energía vital: mundo interior.
- Asimilación de información: sentidos.
- Toma de decisiones: corazón.
- Estilo de vida: organizado.

Tipos de personalidad similares:

- *Artista*
- *Defensor*
- *Presentador*

Datos estadísticos:

- Los *protectores* constituyen el 8-12% de la población.

- Entre los *protectores* predominan claramente las mujeres (70%).

- El país que se corresponde con el perfil de *protector* es Suecia.

Código literal:

El código literal universal del *protector* en las tipologías de personalidad de Jung es ISFJ.

Más:

Jarosław Jankowski
Tu tipo de personalidad: Protector (ISFJ)

Apéndice

Las cuatro tendencias naturales

1. Fuente de energía vital dominante

   o MUNDO EXTERIOR
      Personas que obtienen energía del
      exterior, que necesitan actividad y
      contacto con los demás. Soportan
      mal la soledad prolongada.

   o MUNDO INTERIOR
      Personas que obtienen energía del
      mundo interior, que necesitan
      silencio y soledad. Se sienten
      agotados cuando están mucho
      tiempo en medio de un grupo.

2. Forma dominante de asimilación de la información

o SENTIDOS
Personas que dependen de los cinco sentidos. Les convencen los hechos y las pruebas. Les gustan los métodos comprobados y las tareas prácticas y concretas. Son realistas y se basan en la experiencia.

o INTUICIÓN
Personas que dependen de un sexto sentido, que se guían por los presentimientos. Les gustan las soluciones innovadoras y los problemas de índole teórica. Se caracterizan por su enfoque creativo de las tareas y por su capacidad de previsión.

3. Forma de toma de decisiones dominante

o RAZÓN
Personas que se guían por la lógica y los principios objetivos. Críticos y directos a la hora de expresar sus opiniones.

o CORAZÓN
Personas que se guían por los sentimientos y los valores. Anhelan

la armonía y necesitan estar bien con
los demás.

4. Estilo de vida dominante

o ORGANIZADO
Personas concienzudas y
organizadas. Valoran el orden, son
personas a quienes les gusta actuar
según un plan.

o ESPONTÁNEO
Personas espontáneas, que valoran la
libertad. Disfrutan del momento y se
encuentran a gusto en situaciones
nuevas.

Porcentaje orientativo de los diferentes tipos de personalidad en la población

Tipo de personalidad:	Porcentaje:
Administrador (ESTJ):	10 – 13%
Animador (ESTP):	6 – 10%
Artista (ISFP):	6 – 9%
Consejero (ENFJ):	3 – 5 %
Defensor (ESFJ):	10 – 13%
Director (ENTJ):	2 – 5%
Entusiasta (ENFP):	5 – 8%
Estratega (INTJ):	1 – 2%
Idealista (INFP):	1 – 4%
Innovador (ENTP):	3 – 5%
Inspector (ISTJ):	6 – 10%

Lógico (INTP):	2 – 3%
Mentor (INFJ):	aprox. 1%
Pragmático (ISTP):	6 – 9%
Presentador (ESFP):	8 – 13%
Protector (ISFJ):	8 – 12%

Porcentaje orientativo de mujeres y hombres entre las personas con un determinado tipo de personalidad

Tipo de personalidad:	Mujere/ hombres:
Administrador (ESTJ):	40% / 60%
Animador (ESTP):	40% / 60%
Artista (ISFP):	60% / 40%
Consejero (ENFJ):	80% / 20%
Defensor (ESFJ):	70% / 30%
Director (ENTJ):	30% / 70%
Entusiasta (ENFP):	60% / 40%
Estratega (INTJ):	20% / 80%
Idealista (INFP):	60% / 40%
Innovador (ENTP):	30% / 70%
Inspector (ISTJ):	40% / 60%
Lógico (INTP):	20% / 80%
Mentor (INFJ):	80% / 20%
Pragmático (ISTP):	40% / 60%
Presentador (ESFP):	60% / 40%
Protector (ISFJ):	70% / 30%

Bibliografía

- Arraj James, *Tracking the Elusive Human, Volume 2: An Advanced Guide to the Typological Worlds of C. G. Jung, W.H. Sheldon, Their Integration, and the Biochemical Typology of the Future*, Inner Growth Books, 1990.

- Arraj Tyra, Arraj James, *Tracking the Elusive Human, Volume 1: A Practical Guide to C.G. Jung's Psychological Types, W.H. Sheldon's Body and Temperament Types and Their Integration*, Inner Growth Books, 1988.

- Berens Linda V., Cooper Sue A., Ernst Linda K., Martin Charles R., Myers Steve, Nardi Dario, Pearman Roger R., Segal Marci, Smith Melissa A., *Quick Guide to the 16 Personality Types in Organizations: Understanding Personality Differences in the Workplace*, Telos Publications, 2002.

- Geier John G., Downey E. Dorothy, *Energetics of Personality*, Aristos Publishing House, 1989.

- Hunsaker Phillip L., Alessandra J. Anthony, *The Art of Managing People*, Simon and Schuster, 1986.

- Jung Carl Gustav, *Tipos psicológicos*, Trotta, 2013.

- Kise Jane A. G., Stark David, Krebs Hirsch Sandra, *LifeKeys: Discover Who You Are*, Bethany House, 2005.

- Kroeger Otto, Thuesen Janet, *Type Talk or How to Determine Your Personality Type and Change Your Life*, Delacorte Press, 1988.

- Lawrence Gordon, *Looking at Type and Learning Styles*, Center for Applications of Psychological Type, 1997.

- Lawrence Gordon, *People Types and Tiger Stripes*, Center for Applications of Psychological Type, 1993.

- Maddi Salvatore R., Personality Theories: *A Comparative Analysis*, Waveland, 2001.

- Martin Charles R., *Looking at Type: The Fundamentals Using Psychological Type To Understand and Appreciate Ourselves and Others*, Center for Applications of Psychological Type, 2001.

- Meier C.A., *Personality: The Individuation Process in the Light of C. G. Jung's Typology*, Daimon Verlag, 2007.

- Pearman Roger R., Albritton Sarah, *I'm Not Crazy, I'm Just Not You: The Real Meaning of the Sixteen Personality Types*, Davies-Black Publishing, 1997.

- Segal Marci, *Creativity and Personality Type: Tools for Understanding and Inspiring the Many Voices of Creativity*, Telos Publications, 2001.

- Sharp Daryl, *Personality Type: Jung's Model of Typology*, Inner City Books, 1987. Spoto Angelo, Jung's Typology in Perspective, Chiron Publications, 1995.

- Tannen Deborah, *Tú no me entiendes*, Círculo de lectores, 1992.

- Thomas Jay C., Segal Daniel L., *Comprehensive Handbook of Personality and Psychopathology*, Personality and Everyday Functioning, Wiley, 2005.

- Thomson Lenore, *Personality Type: An Owner's Manual*, Shambhala, 1998.

- Tieger Paul D., Barron-Tieger Barbara, *Just Your Type: Create the Relationship You've Always Wanted Using the Secrets of Personality Type*, Little, Brown and Company, 2000.

- Von Franz Marie-Louise, Hillman James, *Lectures on Jung's Typology*, Continuum International Publishing Group, 1971.

www.ingramcontent.com/pod-product-compliance
Lightning Source LLC
Chambersburg PA
CBHW031208020426
42333CB00013B/837